AF392697

LOS PENSAMIENTOS
DE MI SILENCIO

ExLibric

FRANCISCO MARÍN

LOS PENSAMIENTOS
DE MI SILENCIO

EXLIBRIC
ANTEQUERA 2022

LOS PENSAMIENTOS DE MI SILENCIO
© Francisco Marín
Diseño de portada: Dpto. de Diseño Gráfico Exlibric

Iª edición

© ExLibric, 2022.

Editado por: ExLibric
c/ Cueva de Viera, 2, Local 3
Centro Negocios CADI
29200 Antequera (Málaga)
Teléfono: 952 70 60 04
Fax: 952 84 55 03
Correo electrónico: exlibric@exlibric.com
Internet: www.exlibric.com

Reservados todos los derechos de publicación en cualquier idioma.

Según el Código Penal vigente ninguna parte de este o
cualquier otro libro puede ser reproducida, grabada en alguno
de los sistemas de almacenamiento existentes o transmitida
por cualquier procedimiento, ya sea electrónico, mecánico,
reprográfico, magnético o cualquier otro, sin autorización
previa y por escrito de EXLIBRIC;
su contenido está protegido por la Ley vigente que establece
penas de prisión y/o multas a quienes intencionadamente
reprodujeren o plagiaren, en todo o en parte, una obra literaria,
artística o científica.

ISBN: 978-84-19269-98-0
Depósito Legal: MA 1246-2022

Nota de la editorial: ExLibric pertenece a Innovación y Cualificación S. L.

FRANCISCO MARÍN

LOS PENSAMIENTOS
DE MI SILENCIO

*A ti, por esa mirada azul
que me hace soñar cada mañana.*

Esto es un viaje a través de la conciencia y la inconciencia que me guía por el camino vacío de la vida; donde se desempolvan latidos que me llenaron de dolor tras la pérdida de mi esposa y se descubren nuevos que jamás creí que volverían, al conocer nuevas personas que cambiaron el rumbo de mis pasos.

En estos poemas se unen las despedidas, sueños, deseos y realidades de un ermitaño carnal, junto a los nuevos vientos que me regala el tiempo que estoy descubriendo en lo más profundo de mí, donde desenterré a la persona que soy hoy, acostumbrándome a las voces que me visitan en la noche, y a disfrutar de los paseos de la imaginación en el otoño de mi primavera.

A veces hay que morir para de nuevo nacer y mirar con otros ojos todo lo que te rodea. Lo que antes me hacía huir y ocultarme, ahora me envuelve en los pensamientos de mi silencio.

EL ÚLTIMO VIAJE

Tenía ganas de partir,
ese último suspiro
en el que sin querer me perdí
tu adiós sin vuelta.

La doctora bajó la mirada
y se vaciaron mis latidos.
El silencio me esperaba.
¿Dónde está tu sonrisa, amor?

Palpé tu ausencia
con lágrimas de olvido,
crucé el desfiladero
rompiendo mi garganta.

Se terminó el camino
y comenzó mi abismo
sin tus huellas que seguir,
el mundo me observaba.

Los lobos me persiguen
hambrientos de errores.
Entre sombras del pasado
dudo si soy un hombre.

Los años dieron frutos,
los lobos quedaron atrás,
mi océano creció,
pero no cesó el dolor.

EL CAMBIO

Ha pasado el tiempo
y hoy nada me daña,
ahora solo escucho
lo que antes no escuché,
observo el horizonte
sin la venda en los ojos.

Descubro el oleaje,
el olor de cada gota,
mis pulmones llenos de sal,
desenredo la derrota.
Ha llegado el momento
de navegar en otro mar.

Vencido por el tiempo
que pasé entre huesos,
pude abrirme camino
a solas en mi amanecer.
El futuro que me queda
me cambiará de piel.

Antes era el verdugo,
el juez y condenado;
hoy soy el extraño
que vela los corazones
que no soltarán mi mano.

DESPEDIDA

Y tú, que en tantas pieles quisiste estar
antes de estar en esta cama;

y tú, tantos sueños quisiste ser
al saber que yo me quedaría soñándolos;

y tú, que saboreaste cada esquirla de aire
antes del último suspiro;

y tú, que te empapaste de mi olor
antes de irte para no regresar,

no te despediste, solo me esperas.

SOLEDAD

Abrazas el frío de cada noche,
fiel compañero que no te abandona.
Se acomoda en tus huesos,
intentas engañarlo con sueños
y no ves la hora de la luz.

Despiertas mirando a tu lado,
buscando con tus manos el calor
que dejó el hueco del recuerdo.
Pides entre las sábanas ese último abrazo
que se llevó el tiempo amargo.

Un suspiro se escapa de tu alma
al pensar en vientos nuevos,
hablando con tu memoria cada día,
llorando contigo mismo cada pena,
sintiendo el hambre de tu cuerpo.

Intentas llenar el vacío
manteniendo tu mente despierta.
Sueñas que volverán las sonrisas,
pero tus pies no siguen el camino
y te frenan con alambre de recuerdos.

Hoy será igual que mañana,
mañana será igual que ayer,
y mientes a tu corazón diciéndote:
«así estamos bien».

Sueño

El miedo me envuelve en sus brazos
en este oscuro naufragio,
como un animal acosado
ocultándome entre mis malezas.

Entre sueños veo figuras en movimiento,
sombras de carne y hueso.
Despierto con el corazón devorado
por recuerdos.

Ahí estas tú, frente a mí.
Te miro y bailamos
solo con la melodía de nuestra mente.
No hace falta más, solo abrazarnos.

El último sueño

Te llevé en brazos de la fiebre
por un bosque lleno de espesura de algodón.
Te difuminabas como una memoria antigua
que se silencia en cada paso hacia delante,
donde el susurro de las hojas
mecidas por el viento de la sonrisa
son el sendero que seguirías
para no perderte en la luz de la oscuridad.

Las palabras sin habla
de las aguas que nacen de la piel
hacen que no reconozcas
la llamada de las sombras,
que te persiguen y te empujan hacia el abismo.

CADA SEMANA

21

Frente al silencio que nos separa
inundo mis manos en la piedra fría que te cobija.
Lágrimas de encanto ciego
brotan de los pétalos que te enseñan el camino.

Dulces fueron los sueños que quisiste vivir
y vuelan en mi piel.
La distancia entre los aromas sin olor
son la mirada que te lleva a olvidarme.

Entre el sudario que rodea tu rostro
me quedo con el sabor del último beso que te di.

EL TIEMPO DIRÁ

Cuando el olvido me visite
y llene mis noches,
el calor del recuerdo
dormirá a mi lado.

No me dejes en este vacío tan oscuro.
Se fue la luz que me brillaba en los ojos,
se fue la luz que alumbró mi cordura.

No dejes que vuelva a perderme sin ti.
Hoy estoy arrodillado ante ti
y este frío nos separa.
Hoy no olvidaré los tiempos de sonrisa
y de voces llenas de vida.
Hoy no dejaré que el sueño
me pueda vencer si nos estás aquí.

Ya las flores no tienen el mismo olor,
hoy el viento sopla rancio.
Tu olor de la mañana se fue,
tu sonrisa al despertar se olvida
entre las luces de algodón
llenas de sueños que aún quedan
por perseguir entre nosotros.

El vuelo que dimos esa última noche
de sonrisas nos hizo llegar al infinito,
amarrados al último baile de miradas.
Serás parte de los latidos que me quedan,
y renunciaría a uno de ellos para dártelo
y poder despedirme una última vez.

DUDAS

No hay luna ya en mi balcón.
Agrio es el sabor de tu nombre
que está lleno de noches eternas.

Mis ojos se quedaron disfrazados de promesas,
esperando que la luna nueva
iluminara el bosque de mis sombras.

VOLVIENDO A SER YO

25

Y regalé mis versos al olvido.
Sequé la tinta de mi voz.
Bajo llave guardé las letras
que dormían en mi cabeza,
solo para que tu sonrisa
fuera eterna.
Veinte años en silencio
y por dentro tempestad,
Viviendo en un sueño
que no era mío, me alejé de mí.

Presente

Mil pasos doy descalzo
en otra dirección,
buscando dentro de mí
mi antigua sombra
que se empeña en regresar.

Moldeo mi cabeza
y me colmo el corazón
cuando palabras de mi inconsciente
se abren a través de mí.

A solas, recorro el camino de mis dudas
siendo otra vez yo.
Escribo en cada paso
la poesía que me regalan mis voces.

Con los pensamientos de mi silencio
soy quien tú no querías que fuera.

PALABRAS

Siempre vagaban por mí,
escondidas para que no se supiera
lo que ellas sabían.

Una tarde paseando con ellas
les hablé desde el inconsciente
y les abrí la puerta de su jaula.

Una a una abrieron sus alas,
y dieron sus primeros vuelos
para acabar con la tristeza
de estar siempre a la espera.

YO

Sé callar, ahí es donde me defiendo
con palabras que vagan por el desierto.

Al borde del precipicio
no he de opinar, siendo veraz.

Sé perdonar a los instantes
que me arrebataron el aliento.

No sé distinguir lo malo de lo bueno
si proviene de tus manos.

Lo que el tiempo me ofreció
lo guardaré en secreto.

El tiempo

Cuando el tiempo quiera apremiarme
y me bañe con el azul de tus ojos,
y me dé razones para no alimentarme
de este torbellino de sentimientos;
cuando me veas callado, no tengas miedo:
solo son palabras
que vuelan en mi pensamiento.

PERSEGUIDO EN SUEÑOS

La sombra de tu mirada
es el centro de mi esencia,
el miedo me hace navegar
por el mar de tus recuerdos.

La locura nunca tuvo un nombre
en los pétalos del deseo.
Brotan las palabras por tu ausencia
en el ocaso de mi mente.

Con los giros que el destino me ha dado,
se absuelven mis primeros sueños.

La esfera de mi mundo
es el crepúsculo de tu oráculo,
el mensajero de mis sueños sin sentido,

rodeado todavía por el sabor
de tu saliva metálica,
en un lecho de pétalos cosidos de sueños
que nos guían por el mismo sendero de recuerdos.

LA DESPEDIDA DE LA SOCIEDAD

En los lugares donde me habla el olvido
seré el ansia que me devora.
En los placeres de mis letras
seré el amargo sabor de tu victoria.

Cuando la niebla borre la voz de las jaurías,
los insulsos pensamientos
comprarán en el mercado tu sonrisa.
Habitantes de extrañez impoluta
se arrodillarán ante la semejanza de tu voz.

Todos los sueños se comparten
en tierras de sal y perdón,
dando la mano llena de ansiedad
a los placeres de mi pobreza cotidiana.

Me sumerjo en el manto gris oscuro
de una mirada olvidada.
Con las tinieblas que solo tú puedes sentir
entre tus huesos,
pinté mi tristeza de aquella época
que se estremece de solo recordar tu nombre.

LAS VOCES SIN SENTIDO

En el viaje que me conocí,
perdí la maleta de los miedos.
Por caminos de ida regresé
a donde hoy me encuentro.

Entre las calles que recorrí,
bastaron tus dos palabras
para saber que a tu lado soy pequeño.

Y la sombra del ayer me olvida,
y calla a gritos mudos en mi cabeza
cuando me alejo, sonriéndole
a mis susurros.

No volverán a ser
dueñas de mi conciencia,
sordo me quedaré
cuando pronuncien mi nombre;
ciego seré al leer mi epitafio.

Y dejo que me invadan
los reflejos de mi inconsciente.
Me vuelven a hablar de ti
y les cierro las puertas.

Me arranqué los grilletes
de mi memoria carnal,
dejando ver los tatuajes
en la piel del huracán.

Y entre sábanas que arden
busqué el último tacto
para borrar el desapego
de vacíos que hoy llené.

Abro mundos nuevos
que consuelan a mi soledad,
que se marchita en un papel
al mirarme en tu cristal.

A MIS CORAZONES

El argumento de mi inexperiencia
era el miedo.
Pronto la luz brillaría
en los ojos de vuestra inocencia.
El latir del primer sueño os despertaría
entre los constantes algarabíos de mis lágrimas.

Antaño fue terrible antes de abrazaros.
El tacto de vuestra piel escurridiza
soltó las tormentas de mi interior
que se disiparon entre las nubes de vuestras caricias.
El espíritu se hizo mayor
entre las sonrisas de mi corazón.

MI LIBERTAD

Los sueños se hicieron mayores,
el encanto volvió a brotar,
los grilletes de mi conciencia
se liberaron.

Encerré el pensamiento
entre los barrotes del inconsciente;
quedó libre el alma entre letras
y el fin del silencio comenzó.

Algún día pagaré
los gastos de la memoria,
y me abren en canal
los reproches cotidianos.

Y enseñé a caminar
a la inocencia de lo cercano,
que siempre llevo abrazada
y quiere crecer a mi lado.

No me preguntes cuándo aprendí
a robarle al tiempo cada segundo de ti.
Solo sé que la realidad
está de paso en mis pupilas.

NO SERÉ YO

Quise ganar todas tus batallas,
quise ser mar, sin ser agua.
Me cansé de beber sorbos de olvido
y de mirar siempre a la pared;

de explotar por nada
y esperar todo,
de lamentar las miradas que se perdían
y alimentan mi ser.

El viento me abrió las alas,
me regaló un nuevo atardecer.
Sentí cómo tu llave abrió mi piel.

El resplandor me cegaba la conciencia,
y lograste tapar con tus manos
el sol abrasador.

ME ENCONTRÉ UN ARCOÍRIS

En la prisión de mí mismo
encerré los vuelos del viento,
entre el carmín de tus labios
enterré mis flores marchitas.

Laberinto de sábanas
donde busqué el grito de tu susurro,
y entre las escamas de tu piel
sacié la sed de mi derrota.

Arcoíris agotados me encontré
ante los pies de las promesas,
amarré bien mis deseos ocultos
entre la trenza de tu pelo.

La dulce figura imaginaria
se desborda en cada sueño.
Huyes entre palabras que se olvidan
con los restos de mi naufragio.

SACIANDO EL DESEO

Cierro los ojos
y dejo que me invada
la locura de Morfeo,
por las palabras escondidas
y atemorizadas por salir,
mal escritas en mi conciencia.

Cierro los ojos
y me veo llegando
a lo imposible con ella;
quiero seguir a su lado
después de abrirlos
y que no fuera esa ilusión
de la noche en vela.

Alguien desangró
el amor de tu corazón
destrozando cada latir.
Levantaste muros
imposibles de saltar,
y en cada sueño intenté saltarlos.

Pararon mis miedos
frente a sus ojos,
que eran agonía de pasión;
desafié la línea mal trazada
de sus labios,
derrumbé el muro y desperté.

AMOR CONFUSO

Censuraste mis sentimientos
cuando pensé en dar ese paso,
con el tiempo todo irá
envolviéndose en olvido.

Ábrete camino en mi corazón roto,
aparecerás entre las brumas
como la sombra que me persigue.
Serás el faro allá donde me quede dormido.

Quise olvidar ayer tu nombre
y tus pasos se detuvieron en mí,
me vestí de gala en la soledad
y brotes de dudas amanecieron.

Sé cómo rellenar mis sueños
con otro corazón como el mío;
escondido de los recuerdos
quiso borrar también tu nombre.

CONTEMPLA

Ven, siéntate a mi lado
y contempla lo que el pasado
dejó entre mis brazos.

Déjame vivir atrapado
en este bosque de mentiras,
de recuerdos y caricias que se fueron.

Déjame sentir a mi manera
el mundo nuevo que se abre
al saborear cada segundo de ti.

Déjame oír el silencio
de la tristeza que curé
al escuchar la sonrisa de tu voz.

Déjame perderme sin rumbo
entre los abrazos que se sonrojan
al sentir el frío de mi calor.

Déjame fundirme entre miradas
que se imaginan
cuando son fantasías de mi verdad.

Déjame que hoy despierte en el hueco,
en el recuerdo abismal,
que te empeñas en alumbrar.

Déjame soñar uno de tus sueños
entre las bambalinas del asombro,
al prestarme uno de ellos.

El rencor del miedo

Acosado por los vientos de mis tormentas
que dibujaron los garabatos de tu viaje,
el frío juró venganza en mis pensamientos,
un solo gramo de ti era mi sustento.

Ahora ya sé que nunca hubo una guerra igual,
los placeres de la lengua debo librar.
En el refugio de mi interior
se guarda en secreto mi pasado,
que hoy hace mella en los años que me inventé;

las preguntas que fueron raíces de respuesta
cuando la brisa desnuda mi lamento;
un escudo, vano invento
para proteger mis sentimientos,
al recoger cada mañana los trozos
en el miedo de mis sábanas.

LA IDENTIDAD PERDIDA

Enterrados en mi recuerdo
se apagan destellos de tierras lejanas.
Las sombras de lo bello
son la fortuna de mi mente.

En la oscura necesidad de salir de mi confusión,
la locura es quien abraza
las paranoias de la vejez.

Segundos de recuerdo que iluminan mi camino
y apagan la sed de soledad de mi sonrisa,
antes de volverte a olvidar.

LA IMAGINACIÓN ESCRITA

Suelo volar en tus vientos azules
con los rasgos de tu sonrisa y el brillo de tus ojos.

Suelo volar en los recuerdos que me presta mi memoria
mal escritos en los debates de los tiempos.

Suelo volar recorriendo cada gramo de tu piel
sin que lo sepas y encontrar tus detalles imaginarios.

Suelo volar en tus silencios que se ocultan
de sueños ya vividos.

Suelo ser libre en el papel donde te escribo
y guarda mis secretos.

BEX

Bajo otras capas de piel me tuve que esconder
para pasar desapercibida.
Entre nubes de sueños rotos me refugié
para escapar de mí.

Corriendo entre mis sombras
quise huir de su llamada.
Sembré mi camino con semillas
de desconfianza ante la sociedad.

El silencio fue mi voz,
respondiendo a los dibujos de mi mente.
Tus manos sobre mi corazón
iluminaron el abismo de mi interior.

Paraste esa noche mi locura
con una sonrisa divina
que nadie pudo ver, solo yo.
Sé muy bien a quién orar,
buscando mis tiempos de gloria.

En su sitio

Sabes bien cortar las alas del momento
para que no me crezcan
los caprichos de mi paranoia,
mezclando lo real con lo irreal.

Conozco cada detalle de tus silencios,
sé aprender cada lección de ellos,
tus palabras lo dicen todo sin salir de tu boca,
para saber que vuelas tan lejos de aquí.

Nuestra prisión es la distancia
cuando intentamos evitar mirarnos a la cara
para no sentir nada.

La conciencia es mi mala consejera,
siempre saca a la luz lo que ella quiere
y no lo que mi corazón siente.

El recuerdo es tu peor enemigo,
te muestra la necesidad de volver a encontrar
quien acompañe tus pasos
siempre de la mano.

LOS PASOS

Con tu dulce sonrisa nerviosa
me saludaste y te acercaste.
Los murmullos del tumulto que me rodeaban
se silenciaron en mis oídos.

Mis ojos se perdieron en el suelo
cuando llegaste frente a mí y me abrazaste
al comprender lo pequeño que era a tu lado.

Mire cada centímetro de tu piel,
coloreé de azul tus venas con mis ojos,
mientras tus manos se perdían
entre las caricias en el pelo
de una pequeña lectora.

Me pregunté: «¿cómo sería tu tacto?,
¿cómo sería el secreto de tu piel?».
Y mi voz interior ahogó mis preguntas
haciéndome sentir vergüenza.

En la mesa que nos separaba
navegué sin rumbo en tu mirada,
y quise perder el control
cuando tus ojos me llamaban.

Mientras tu olor se alejaba de mí
mi grito mudo te llamaba.
«Otro día será», me dijo la cabeza;
«¿o no?», respondió el corazón.

ESA NOCHE

Y bailé con tus ojos esa noche
al ritmo de nuestras miradas.
Mis labios ciegos buscaban
el tacto frío de tu sonrisa nerviosa.
Tengo tanto miedo a respirar tu ausencia…

DESPACIO

No te confundas,
no busco la primera luz
que ilumine el túnel oscuro
donde resguardé mi corazón.

No busco alimentarme de carne
o reflejos frente a un espejo.
Una mirada que se regala
es el orgasmo de mi mente,
tengo suficiente con la sonrisa de la piel.

Me conformo
con los restos del tiempo
que tu pensamiento me da.
En el rastro que dejan mis letras
junto con las huellas de mis pasos
encontraré quien guíe mi camino.

EL SILENCIO

El invierno de tus labios
heló las palabras de tu voz.
Busqué tu sonrisa
en el jardín de mis expectativas.

A lo lejos en mi horizonte
vi las mentiras que quisieron ser verdad.
Me escondí entre las montañas de mis dudas
por el disparate de otro comienzo.

Desperté entre tus destellos
recorriendo el desierto de mis palabras a tu lado.
No quisimos abandonar
el camino de nuestras rutinas
y dejarnos guiar por nuevas heridas.

En silencio hablo con tu sonrisa
y me refugio con miedo en tus ojos
esperando ver
cómo brillan por otro.

ESPERANDO

En el hueco que deja la persona que fui,
devorado por tu olor en esta orilla de mi vida,
siento la espera de la brisa
que me traiga tu susurro.

Mientras me olvidas,
el tiempo es breve
en la ausencia de mi imaginación,
y nacen las letras en mi cabeza
que están llenas de soledad.

SOÑANDO DESPIERTO

Vagué a los pies del sueño,
en su deriva fui buscando tus encantos.
Los sueños me llevaron a esa tierra
donde viven mis latidos dormidos.

Mojado de ayer llegué a la orilla de tu embrujo
que me aleja de mi encierro carnal.
No sé soñar sin tu presencia al otro lado de las sábanas,
sin esa mirada que se imaginan mis caricias.

Le pido al sueño que susurra en mi mente
que me devuelva tu olor,
el que aún respiro cuando te vas,
y que me dé más tiempo
para seguir despertando cada mañana
y seguir soñando contigo.

VOLVER A SENTIR

Amarré entre los lazos del viento
las promesas errantes de mi historia.

Los rasgos del tiempo
se armaron de terapias enloquecidas.

El sigilo de tus ojos,
que abrillantaron mis noches de estelas oscuras,
me provoca el hambre
de volver a ser un hombre.

LA ETERNA BÚSQUEDA (DE MÍ MISMO)

Se clava en mi sien
el final de cada despedida,
mi inexperiencia se dilata
en los recovecos que encontré en tu piel.

Y entre mis murmullos aparece
siempre tu eco vacío de miedo
cuando guías mis pasos
mal dados con los pies confusos.

Entre los reflejos de tus ojos
mis sombras buscan cada silencio
del cual ya no me alimento.
Arrebatas mi máscara de tristeza
cuando expulsas con tu huracán mis telarañas.

Confuso por todo y sin el valor de no decir nada,
me invento distintos horizontes
buscando la sonrisa que perdí.

TODO LLEGARÁ

Cuando el tiempo marchite
las flores del jardín de las expectativas;
cuando él pase y desordene la piel,
y la memoria pasajera sea mi rutina,
todo se fundirá en las alas de luz de la vida.

Cuando el viento sepulte
y los gusanos devoren el cuerpo,
solo quedará el oleaje de las playas del invierno.
La soledad será ese tan temido invento
que no acompañará mi camino.

LA CHICA DE LA CALLE

No me desarmes,
mi armadura es de sueños.
No me dejes vivir sin ellos.

Al pasar tu viento rojo de sonrisa,
el iris azul que mira al frente
se clava en mí.

Como cada semana,
restaré tiempo a mi vergüenza
y quizás levante mi mirada.

Frente a ti

El huracán de mis palabras busca tus respuestas,
navego los ríos de tu piel.
Te regalé talismanes sin sentido
para tus males manchados de ayer,
que hoy sacan el rubor de tu sonrisa.

Mis frágiles montañas de atrevimiento
se derrumban cuando estoy frente a tus ojos.
Ensayo palabras en silencio buscando un porvenir.
Mi memoria frente al espejo
se olvida otra vez de regresar.

Solo en mi cabeza

Despierta y que el brillo de tu sonrisa
le dé motivos al sol para un comienzo.

Despierta y que vuelva a girar el mundo dormido
por la esencia que desprende tu piel.

Despierta y que la luna guarde tus sueños
entre pétalos de mil caricias
para cuando regreses otra noche.

Despierta y que cada uno tus pasos
vuelva a ser los latidos de un corazón
que te espera con un café.

OTRA PRIMERA VEZ

Te llamaré cada noche
hasta que me quedé sin voz.
Abriré de par en par mis puertas
para que entre tu locura.

Volaré a la sombra de mi silencio
para que hable la imaginación.
Veré cómo el mundo gira en tus pupilas
cada vez que me regales la mirada.

Entre algodones soñará tu sonrisa
aunque no lo necesites.
Y miraré con el corazón hambriento
cómo se alejan tus huellas.

A FUEGO LENTO

No quiero alzar el vuelo sin que me impulses,
eres la ventana por la que veo pasar el tiempo
que llenó de olvido mis rincones.

Después de hablar con mi inconsciente,
mis temores se callaron al pasear contigo en soledad.
Hoy me siento a esperar
a los meses de abril que aún me quedan por vivir
que se llenarán gota a gota con tu presencia.

Vacíe mis lágrimas sin la prisa de mi juventud
y al volver a buscarlas
solo me encontré tu sonrisa.

HURACÁN DE SUEÑOS

Benditos tus ojos,
bendita mirada,
que cuida hoy
y borra mi jamás.

Benditas tus dudas,
bendita tu voz
que mi lejanía
me hizo escucharme.

Bendito silencio,
benditos reflejos
me desvisten de tristeza
en cada emoción.

Benditas palabras,
benditos tus gestos
que hoy se pasean
libres por mi mente.

Benditos consejos,
bendita sonrisa
que antes de dormir
solo imagino.

Bendito huracán,
bendita esta suerte:
sin querer lograste
que cada sueño
otra vez soñara.

TARTAMUDEO DE LA PIEL

En la víspera de mi pobreza carnal
apareció tu huracán
que desarmó por completo mis venas.
Ojos que llenan de luna
las noches de mis jodidas musarañas.

Las migajas de tu tiempo
son los latidos que buscaba hace tiempo mi sonrisa.
Hoy sonríen mis sueños
al saber que a veces los sueñas.

Brota el silencio en mi voz
cuando sé que me miras.
Te busco y nunca te encuentro
por los rincones de mis pesadillas.

Si te invito a bailar en mi realidad,
serás bienvenida a mi infinito.

EL PASEO INFINITO

Con el sol a mis espaldas
y arrugas que acompañan mi frente.
¿Quién no quiso ser mar en tus ojos cada amanecer?

A un lado tu infinito, al otro mi destino.
Eres el corazón de cada una de mis palabras.
Y caminaré cogida de tu mano
con pasos lentos y sin la obligación de hablar.

El pasado nos cubrió de espinas,
nos llenó de heridas,
por ocultar simplemente la verdad.
Cuando lloramos al borde del precipicio
supimos que nada ya nos haría daño.

Tú, no te sueltes de mi mano,
seremos dos palomas
que siempre volarán juntas.

A DÍA DE HOY

Los ojos por los que llevé velo
se encerraron en las murallas de mi mente.
La piel ya no está prohibida
en este hemisferio de mi imaginación.

En los luceros de otoño desenredé mis miedos.
La fruta prohibida calmó mi sed de hombre
con segundos de miradas antes de bajar mi espada.

El silencio se aisló al otro lado de mi hemisferio
con reflejos de quien siempre quise ser.
La debilidad de la voz es el argumento de mi fuerza
cuando escribo en cada renglón de mi vida.

Los ladrillos que se caen al pasear
ya no nos podrán seguir separando.

AMANECÍ OTRA VEZ

Anidé en otros cuerpos
con los retales del hombre que fui.
Enterré tantos sueños dentro de mí
tarareando en silencio los soplos de vida
de las melodías que me llamaban,
y navegué entre las lagunas
que me ofrecía mi mente
hasta que llegué a la voz
que me hizo sentir inferior.

Y comencé a dibujarme en silencio cada noche,
a batirme en duelo con las voces que nunca cesan.
Y desperté de mí mismo esa mañana
que me olvidé de ser otra vez yo.
Cubrí de escarcha las espinas
de mis ruidos de antaño
y de mis deseos sin acordes.

En la cabeza, una intuición
esclava de los sueños que arropaban mis letras.
El ocre marchitado de mi garganta
se dejó llevar por las miradas
que me encontraba e imaginaba.
Hoy me enriquece la experiencia de mis sentidos,
y sé que soy la persona que tengo que ser.

LAS METÁFORAS DEL PROFESOR

A lomos de ese oleaje de minutos de enseñanza,
puliendo los versos que el tiempo me regala
en mis noveles estrofas pasajeras,
fui quien escondió el sentir de las musas
ahorrando todo el pudor que mi cabeza guardaba,
hasta que me senté ese día frente a ti entre metáforas.

En un sinfín de sinfonías mentales
los avatares de mis letras
comenzaron a aprender de tus huellas
y a deshacer la maraña
que cubría mis manos al escribir.
Ya no sé vagar por palabras a medias
ni ocultar mi inconsciencia.

Y es mejor desaparecer en un papel en blanco
que buscar una sombra al otro lado del espejo
donde vivía, donde dormía con mis palabras,
pero me enseñaste a acertar el don.

Hoy abro el cofre tan lleno de palabras
que no sabían hablar,
y me dejo llevar por tu voz que me enseña
a ser lo que escribo.

Índice

www.ingramcontent.com/pod-product-compliance
Lightning Source LLC
Chambersburg PA
CBHW031223160726
47992CB00006B/2878